FÉLIX VÉRANY

Sous-Directeur du *Propagateur de la Méditerranée et du Var*

ESSAI CRITIQUE

SUR

IVAN IV

GRAND-OPÉRA EN 5 ACTES ET 6 TABLEAUX

POÈME D'HIPPOLYTE MATABON

MUSIQUE DE BRION DORGEVAL

Représenté pour la première fois

AU GRAND-THÉATRE DE MARSEILLE, LE 5 AVRIL 1876

Directeur : M. HUSSON

PARIS
LIBRAIRIE CHARLES VANIER
1, rue du Pont-de-Lodi, 1

1876

ESSAI CRITIQUE

SUR

IVAN IV

Draguignan. — Imprimerie Gimbert fils, Giraud et C⁰.

FÉLIX VÉRANY

Sous-Directeur du *Propagateur de la Méditerranée et du Var*

ESSAI CRITIQUE

SUR

IVAN IV

GRAND-OPÉRA EN 5 ACTES ET 6 TABLEAUX

POÈME D'HIPPOLYTE MATABON

MUSIQUE DE BRION DORGEVAL

Représenté pour la première fois

AU GRAND-THÉATRE DE MARSEILLE, LE 5 AVRIL 1876

Directeur : M. HUSSON

PARIS
LIBRAIRIE CHARLES VANIER
1, rue du Pont-de-Lodi, 1

1876

A Monsieur Charles Solié

Chef d'Orchestre du Grand-Théâtre de Marseille
et de la Société de Concerts

Désireux de rendre hommage à vos brillantes qualités de chef d'orchestre, permettez-moi de vous dédier mon Essai critique sur l'opéra d'Ivan IV, *que vous avez si intelligemment conduit au Grand-Théâtre de Marseille.*

Votre bienveillant patronage ne saurait, il est vrai, suppléer à mon insuffisance; néanmoins, considérant votre suffrage comme une précieuse marque de sympathie, ce sera un grand honneur pour moi, si je parviens à l'obtenir.

Agréez, Monsieur, toute ma gratitude qui n'est égalée que par mon admiration pour votre beau talent.

Félix VÉRANY.

29 septembre 1876.

Trouver de bons poèmes, voilà d'abord la première pierre d'achoppement ; puis être exécuté, l'être convenablement, voilà un rêve qu'il est donné à bien peu de voir réaliser...

Charles POISOT.

ESSAI CRITIQUE SUR IVAN IV

La décentralisation artistique poursuit vaillamment sa route en province, notamment à Marseille, qui n'en est plus à son coup d'essai. M. Husson, directeur du Grand-Théâtre de cette ville, après nous avoir donné *Pétrarque*, vaste conception d'Hippolyte Duprat, et *Fatma*, charmant opéra-comique de A. Flégier, nous a offert *Ivan IV,* grand opéra en cinq actes et six tableaux (1), de Brion Dorgeval, poème d'Hippolyte Matabon, lauréat de l'Académie Française et membre de celle de Marseille.

La donnée du libretto est empruntée à la page la plus palpitante de l'histoire de Russie. Laissons parler le poète :

---

(1) Acte premier : le parc du château de Fédorof. — Acte deuxième : un riche salon de réception au palais du Tsar à Moscou. — Acte troisième : la salle du trône au vieux Kremlin. — Acte quatrième : une forêt de l'Esthonie en hiver. — Acte cinquième, premier tableau : l'oratoire du Tsar. — Deuxième tableau : le préau d'une forteresse en Esthonie.

Personnages : Ivan IV, Tsar de Russie (M. Dumestre, de l'Opéra); Fédorof, boyard d'Esthonie (Delabranche, de l'Opéra); Gothard Ketler, Grand-Maître des Porte-Glaives (Bérardi, engagé à l'Opéra); Adalkief, ministre du Tsar (Kreitz); Jean Reynold, chevalier Porte-Glaive (Genin); Mikaël, bûcheron (Cabannes); Daniel, bûcheron (Ulliel); un hérault; Dosia, princesse d'Esthonie (Mme Levielli-Coulon, de l'Opéra); Olga, nièce du Tsar (Mlle Redouté); Catherine, femme de Mikaël (Mlle Arquier); Hélène, jeune fille noble. — Dignitaires de la Cour d'Ivan; Ambassadeurs; Popes; Gardes-Strélitz; Chevaliers Porte-Glaives; Bûcherons; Peuple.

Chef d'orchestre : M. Solié.

Ballets réglés par M. Mazilier (de l'Opéra).

Costumes de M. Roize.

« Ivan IV, surnommé *le Terrible,* fut le premier qui, à l'exemple de notre Louis XI, songea, environ un siècle plus tard, à abaisser la noblesse et à fonder l'unité russe. Pour l'exécution de ses desseins, il fallait d'abord discipliner les hordes irrégulières composant son armée. Dans ce but, il créa la milice des *Strélitz*, et, au lieu de l'arc qui était encore l'arme des Moscovites, il les pourvut de fusils. La rapide conquête du Kazan fut l'un des premiers résultats de cette réforme militaire. Au retour de sa brillante expédition, Ivan se fait couronner solennellement par le métropolite et prend le nom de Tsar. Il épouse la fille de l'un de ses vassaux, qui, par sa douceur, sut exercer une heureuse influence sur le caractère bouillant du jeune souverain. Peu habitué au repos, il vole à de nouveaux triomphes et parvient à dissoudre la redoutable ligue formée contre lui par la Pologne et la Suède auxquelles s'était alliée la politique ombrageuse du sultan Sélim II.

« Irrité des sourdes menées de Gothard Ketler, dernier Grand-Maître des Porte-Glaives, ordre religieux et militaire modelé sur celui du Temple, Ivan revendique la Livonie et l'Esthonie, soumises à l'autorité de Ketler, et il incorpore ces provinces à l'empire.

« Au faîte de la puissance, le Tsar, privé des précieux conseils de sa jeune femme qu'il avait perdue, renonce tout-à-coup au rang suprême et s'enferme dans un cloître. Il s'arrache bientôt aux austérités de la vie monacale et remonte sur le trône pour y renouveler les orgies sanglantes de Tibère et de Néron. Ce n'était pas sans déchirements intérieurs : car sa vie, dit-on, fut abrégée par la mort de son fils qu'il aurait poignardé dans un accès de colère. »

C'est sous l'impression de ces récits légendaires et aussi de ces événements historiques qu'a été écrit le scénario dont l'action se passe tour-à-tour en Esthonie et à Moscou, vers 1552.

Dans cette œuvre lyrique, M. Brion Dorgeval nous a révélé un talent puissant et original, qu'un rayon de Meyerbeer semble parfois illuminer, bien que certains passages laissent pressentir Wagner. On sait que ce maestro, devenu chef d'école, a presque toujours sacrifié la mélodie à l'orchestration, signe caractéristique de la musique allemande.

La note sombre embrasse toute la partition d'*Ivan IV;* dans les quatrième et cinquième actes, elle est sublime ! dans les premier, deuxième et troisième actes, elle se mêle à des accents plus doux. Après les jours de fête, les jours de deuil : telle est l'image de notre vie ici-bas, et nous avouons que M. Brion Dorgeval a traité consciencieusement ce grand drame, en y faisant passer toute son âme.

Il est généralement admis que le librettiste d'un opéra est totalement effacé par le musicien. L'écrivain n'est rien, le compositeur est tout. Il n'en est pas ainsi dans l'ouvrage qui nous occupe, où la voix du poète parvient à être l'expression des sentiments les plus intimes de l'auteur de la partition. La faiblesse des librettos n'est pas nouvelle; en 1788, Mozart, alors à Paris, s'en plaignait en ces termes : « On trouve difficilement ici un bon livret; les anciens, qui sont encore les meilleurs, ne cadrent plus avec le

style moderne, et les nouveaux ne valent rien... »
Sans prendre à la lettre ce que pensait à ce sujet
l'auteur du *Requiem* célèbre, il y a du vrai dans
son dire, et nous le maintenons. Si Mermet se
fût donné la peine de soigner le poème de sa
Jeanne d'Arc, il est à croire que la musique en
eût peut-être été moins contestée. Excusons-le
néanmoins, ce n'est pas son métier :

Ne sutor supra crepidam.

Cet opéra a vu le jour à Paris la même semaine qu'on saluait *Ivan IV* sur la scène mar-
seillaise (1).

---

(1) « M. Mermet a renoncé de gaieté de cœur, nous dit
M. Eugène Tassin, aux quelques éléments d'intérêt que lui
offrait la courte carrière de son héroïne, au spectacle de ses
malheurs, à sa captivité, aux péripéties de son jugement, au
supplice affreux qui a fait d'elle la plus touchante des martyres.
Sa pièce, si l'on peut appeler une pièce cet ouvrage informe,
aussi mal écrit que mal conçu, se termine au sacre de Charles VII, à Reims. De Domrémy jusque là, le librettiste nous
promène à travers les banalités de l'histoire, auxquelles il ajoute

L'insuccès de celui qui nous avait donné le *Roland à Roncevaux* (1) nous suggère une réflexion qui a bien ici sa place :

On répète souvent que Marseille n'est pas la cité qui met au cœur de beaux sentiments et à

quelques épisodes de son crû ou de celui de M. Barbier, l'auteur applaudi de la *Jeanne d'Arc* de la *Gaîté*.

« L'on ne peut rien imaginer, poursuit ce judicieux critique, de plus pénible que l'audition de cet opéra. Une musique monotone, bruyante, sans rhythme, sans couleur, sans originalité ! Dans tout ce fatras, c'est en vain que l'on cherche un air bien frappé, une mélodie, un motif de chant ou de danse ! rien ! rien ! un fragment de trio au troisième acte, peut-être, et voilà tout. »

Un excellent juge, Charles Darcours, frappe plus juste encore en disant que *Jeanne d'Arc* « est un désert sans oasis. »

Nous pourrions aller plus loin ; mais ne voulant pas laisser la parenthèse trop ouverte, contentons-nous de dire que M. Mermet n'a eu au *Grand Opéra* qu'un succès de.... décors ! grâce à M. Halanzier, qui fut directeur du Grand-Théâtre de Marseille de 1861 à 1867, moins toutefois pendant l'année 1864-65 qui fut remplie par M. Defossez.

(1) Cette œuvre pourrait être comparée à une colossale statue, restée inachevée par la mort de l'artiste : une belle ébauche et pas autre chose ! C'est, du reste, l'opinion de tous ceux qui s'y connaissent mieux que nous.

l'âme de nobles pensées. Ne compte-t-on donc pour rien les Félicien David, les François Bazin, les Xavier Boisselot, les Ernest Reyer (1), les J. Cohen, les Auguste Morel, les Etienne Arnaud, les Ludovic Benza (2), les Jules Chastan,

(1) Membre de l'Institut depuis la mort récente de Félicien David. Le buste de l'auteur du *Désert* et de *Lalla-Rouck*, qui ornera bientôt le foyer de l'Opéra, vient d'être ébauché par le sculpteur Matabon, parent d'Hippolyte Matabon, notre poète.
(2) Mort à Paris dans toute la force de l'âge, en octobre 1874, au moment où le plus brillant avenir s'ouvrait devant lui, Ludovic Benza est l'auteur des couplets patriotiques du *Maître d'école alsacien*, dont le refrain a fait le tour de la France :

La patrouille allemande passe,
Baissez la voix, mes chers petits,
Parler français n'est plus permis
Aux petits enfants de l'Alsace...

Nous donnerons plus tard sa biographie, en mettant en lumière ses compositions religieuses, dramatiques et légères, et plus particulièrement celles qui sont en notre possession, inédites ou peu connues, notamment : deux *Motets* en l'honneur de l'Eucharistie ; *Notre-Dame-des-Oliviers* (paroles de Paul Reynier) ; *une Vierge vendue* (paroles de Louis Brès) ; *Petite fleur* (paroles de Félix Leroy) ; *la Mort d'un soldat de Don Carlos* (paroles d'Edmond Lachamp) ; *le Mot que j'oserais dire* et *Espérance*, une chansonnette et une élégie (paroles de Frédéric Aubert); *le Jour des morts* et *le Pauvre fou* (paroles d'Ernest Farrenc); *Doux ramage* (paroles de Victor Prié), etc...

les Hug. Cas, les Louis Blasini (1), etc.; les Méry, les Barthélemy, les Autran, les Paul Reynier, les Reine Garde, les Mistral, les Jean Aicard, les

Victor Prié était son parolier favori ; en parlant de lui, Benza nous écrivit un jour : « ..... J'ai envoyé à Prié une mélodie qui t'irait, je crois, très bien ; elle est intitulée : *la Brise*... » Pour bien éclairer nos lecteurs, nous devons ajouter que l'interprétation de ces diverses créations nous avait été confiée ; on comprendra ainsi que nous ayons à cœur d'écrire la vie artistique de Benza qui fut notre compatriote et intime ami.

Benza était un excellent organiste et possédait une magnifique voix de ténor. Nous avons gardé le souvenir de la bonne impression qu'il produisit comme chanteur, le jour de l'*Ascension* (1864), pendant les vêpres, chantées en *faux bourdon* dans la chapelle de l'ermitage de Roquefavour. Laissons parler la *Gazette du Midi* des 9 et 10 mai, de cette même année, qui mentionne cette solennité : « ..... M. Ludovic Benza, lauréat de notre Conservatoire, a chanté en véritable artiste, trois strophes d'une hymne à la Vierge, ayant pour titre : *Le Regard de Marie* (poésie d'Hippolyte Matabon). Cette belle mélodie dont le style rappelle les compositions de Schubert est due à M. Vincent Aymès.. »

(1) Encore un Marseillais que nous ne saurions trop recommander aux dilettanti. Ses œuvres sont nombreuses ; nous signalerons celles qui nous ont le plus frappé : *Dans les mousses*, *les Champs de houblons*, *le Pèlerin*, *les Petits pinsons*, *le Fond du verre*, *la Fête des bois*, *la Valse du*

B. Alciator (1), etc., pour ne parler que des musiciens et des poètes de notre époque, tous nés sous notre splendide soleil, au milieu de notre agitation du Midi. — Les villes du Nord, qu'enveloppent d'immenses voiles de brumes et d'épais brouillards, ont leurs littérateurs et leurs artistes d'élite ; nous nous garderons de les oublier, à eux aussi nos hommages et nos sympathies.

Avant de pénétrer au cœur de notre sujet, on

---

printemps, la plupart interprétées par des artistes de talent, tels que Lassalle et Ismaël. M. Louis Blasini est l'accompagnateur de ce dernier au Conservatoire national.

(1) M. Alciator a publié : l'*Art dans la Poésie* ; *l'Art poétique d'Horace et les Satires de Perse,* en vers français ; *la Nouvelle Atala et Daïla,* avec descriptions comparées de Chateaubriand et d'Alciator ; *la Satire du dix-neuvième siècle.* Notre éminent ami, M. D. Rossi, fondateur-directeur du *Propagateur de la Méditerranée et du Var,* en parlant de *la Satire du XIXe siècle,* qui est à nos yeux un événement littéraire, s'exprime ainsi : « M. Alciator, outre qu'il possède l'art, comme Victor Hugo, de dépouiller la rime de sa monotone cadence, a le talent enviable de varier son style par les figures les plus hardies, les images les plus saisissantes, les prosopopées les plus inattendues, les traits les plus originaux, les plus spirituelles boutades où jaillit le feu créateur... »

ne sera peut-être pas fâché de connaître les premiers pas d'*Ivan IV*. C'est au mois de juillet 1863, à quelques minutes de Toulon, au Mourillon, dans une charmante villa assise au bord de la mer, que cet ouvrage se vit dépouillé de ses langes. Là, un groupe d'artistes savourait une audition intime de l'œuvre de MM. Matabon et Brion Dorgeval. David, de l'Opéra (1), notre

(1) Lauréat du Conservatoire de Marseille, sous le professorat de Bénédit, son seul maître de chant, Joseph David débute au Grand-Théâtre de notre ville, en 1858, dans une représentation à bénéfice, dans le 3e acte de *Robert-le-Diable*, Dulaurens étant ténor léger et Mlle Charry forte chanteuse. Chante avec succès tout le grand répertoire à Montpellier, pendant l'année théâtrale 1858-59. De 1859 à 1861, nous le voyons à Bordeaux : il crée dans *Faust*, alors transformé en grand opéra, le beau rôle de *Méphistophélès*, en compagnie de Puget, fort ténor ; l'œuvre de Gounod obtient dans cette ville un éclat extraordinaire ; la moyenne des représentations par mois atteint le chiffre de 18 à 20. — En 1862, David est applaudi à Toulouse, puis à Marseille en 1863. Peu après, il quitte cette ville et se rend à Paris où il demeure jusqu'à la chute de l'Empire. Ces huit années passées à l'Opéra sont brillamment remplies, toute la presse française et étrangère est unanime pour rendre hommage à ses belles qualités vocales. De 1870 à 1876, il se

compatriote, chantait les magnifiques strophes de Ketler, Grand-Maître des Porte-Glaives ; assurément on ne pouvait mieux choisir. Puis, figuraient au deuxième plan, Viry, la première médaille au salon de peinture de l'année ; Calmette, un jeune et intelligent peintre de fleurs, qui mourut frappé par la folie ; Ludovic Bonnifay, un croyant en art, belle et riche nature tombée à Paris au milieu des déchirements de la guerre civile, l'auteur des remarquables fresques de la cathédrale de Toulon, où ses amis au nombre de douze sont représentés chacun dans un panneau à fond d'or agrémenté de fines arabesques. Cette interprétation fut un événement, on en parla longtemps avec éloge. *La Sentinelle toulonnaise*, toujours à l'affût de ce qui a trait aux beaux-arts, en fit mention dans son numéro du

---

fait entendre sur les principales scènes lyriques d'Italie : Milan, Ferrare, Bologne, Rome. A Moscou, Madrid et Séville, il laisse de bons souvenirs. Au mois d'août dernier, un deuxième engagement le fixait à Barcelone ; à l'heure présente, on le salue à Brescia. Voilà une carrière artistique bien commencée, et David n'est pas prêt à s'arrêter en si bon chemin.

23 juillet 1863, sous la signature d'un spirituel écrivain, M. Vincent Grand.

L'analyse de l'opéra de MM. Matabon et Brion Dorgeval serait laborieuse pour nous, si nous devions heurter des banalités et des formules démodées; la médiocrité même nous gênerait, car l'amitié qui nous unit au poète et la sympathie qui nous lie au compositeur s'amoindriraient s'il nous fallait former un jugement qui n'exprimât pas fidèlement le fond de notre pensée; mais devant des beautés incontestables nos coudées sont franches, parce que nous n'avons qu'à admirer! Pareilles à l'amour, les belles choses n'ont qu'un mot, que l'on redit toujours sans jamais le répéter; Lacordaire, en parlant du *Rosaire* (1), l'a dit avant nous et nous pensons aussi comme lui. Qu'on ne s'étonne donc point si nous revenons souvent sur les qualités de cette partition, merveilleusement servie par un beau poème.

---

(1) Tout le monde connaît *le Chapelet*, touchante prière où le nom de la Vierge Marie est prononcé deux fois à chaque grain.

Le lever du rideau est précédé d'une phrase qui annonce déjà le maître; c'est un lambeau de pourpre détaché de l'ouverture, que le manque de répétitions n'a pas permis de jouer en entier. Il y en a même deux et le choix eût été difficile, tant la richesse harmonique abonde dans chacune d'elles.

Le premier acte s'ouvre sur un chœur qui a la fraîcheur d'une bucolique de Virgile : l'insecte bruit sous l'herbe, tout gazouille et sourit, c'est le printemps, avec son cortége de gaieté et de poésie !

> Plus de frimas ! c'est la saison
> Jeune et bénie,
> Où l'Esthonie
> Revoit enfin, dans le ciel bleu,
> Le soleil, ce regard de Dieu !
> . . . .

La scène des bûcherons où Daniel expose que « le pays, lancé dans une folle guerre, est au pouvoir d'Ivan, » est suivie d'une ballade à l'allure franche. Une ballade ne doit jamais être tourmentée par une orchestration trop fouillée, il la faut simple et naturelle. Le compositeur, inspiré par le libretto, s'attache à frapper chaque mot, chaque syllabe, d'une note tantôt gaie, tantôt plaintive. Le chant de Catherine est gracieux comme le murmure d'une source des bois : « Le regard de la souveraine calme le courroux du Tsar. » La deuxième strophe exprime d'autres sentiments :

> Iván tua son propre enfant !...
> Depuis, le monarque farouche
> Dans l'orgie éteint le remord :
> On n'entend sortir de sa bouche
> Que blasphèmes et cris de mort...

Nous l'avons dit, M. Brion Dorgeval comprend et suit le poète (1).

---

(1) Ce qui ne se rencontre pas toujours dans les grands opéras du vieux répertoire (l'italien surtout) « où, dit Paul de Saint-Victor, les passions les plus violentes se traduisent par des fioritures : la haine vocalise, le cri de rage lance un point d'orgue, le chant de guerre s'efférmine en roulade, les héros

Ici se place un grand et beau récit de Fédorof. Les bûcherons et les paysannes s'éloignent de lui en le saluant avec respect. Le jeune boyard pressent l'irruption des troupes moscovites en Esthonie. Il veut déjouer les ambitieux projets d'Ivan. Pour atteindre son but, il s'unit aux Porte-Glaives ; mais son amour pour Dosia, jeune orpheline qu'il sauve d'un péril imminent, le fait hésiter. La patrie est en danger, il veut mourir pour elle et dans un récitatif d'un style élevé, il s'écrie :

>Quand je vois la patrie en deuil,
>Sanglante, opprimée, avilie,
>Je sens bouillonner mon orgueil
>Et pour elle je vous oublie !
>. . . . .

Dosia lui répond avec énergie que « quel que soit son sort, elle le partagera jusqu'à la mort. »

courent au combat sur la mesure d'un allegro cadencé, les mourants modulent en trille leur dernier soupir... Aujourd'hui, en écoutant certaines partitions de Rossini, encore admirables par tant de côtés, nous trouvons que la vieillerie s'y mêle au

Tout cela est supérieurement scénique, savamment écrit et frappé au bon coin d'une entente musicale parfaite.

La fanfare résonne : un chœur de chasseurs prépare l'arrivée du Tsar. Ce chœur est d'une beauté sauvage. Sur le terrain choral, M. Brion Dorgeval est irréprochable : orchestration puissante, voix bien graduées, pas de lacunes, tout est bien nourri ; le musicien s'y montre en pleine lumière.

Ivan paraît entouré de sa cour, suivi d'Olga, sa nièce. Il assiste au banquet offert par Fédorof qui dissimule ses sentiments de haine et de vengeance. Un ballet charmant : l'*Esthonienne* (1),

---

sublime. La majesté tragique de *Sémiramis* languit et se rapetisse sous les ornements dont elle est chargée. Nous nous étonnons des contrastes que présente cet étrange *Moïse*, grandiose par endroits comme les pyramides de l'Egypte, enjolivé et fleuri dans d'autres comme une petite chapelle jésuitique. »

Ce langage plein de vérité traduit fidèlement les impressions que nous avons ressenties nous-même après la première audition de *Moïse*, récemment donné à Marseille.

(1) Exécuté pour la première fois au *quinconce des Allées* par la *Société de Concerts*, le 11 août 1876.

rehausse l'éclat de cette halte de chasse. Le dessin mélodique de cette danse est gracieux ; l'oreille en est charmée ; pour tout dire, c'est un des diamants du premier acte, lequel, du reste, dénote en M. Brion Dorgeval un novateur soucieux de la couleur locale et de l'expression dramatique.

Nous ferons toutefois une réserve pour l'entrée d'Ivan : *Seigneurs, c'est pour moi grande fête,* qui n'est pas celle que renferme la partition et que nous lui aurions préférée. Qu'on en juge par cette strophe que M. Brion-Dorgeval a parfaitement saisie :

> O triste orgueil de la puissance,
> Que tes prestiges sont amers !
> Le spectre de la conscience
> Me suit jusqu'au fond des déserts.
> En vain, j'agrandis mon empire ;
> La gloire a détruit mon bonheur.
> A genoux tandis qu'on m'admire,
> Les remords torturent mon cœur.

Cet air sort des banalités du genre ; le souffle slave qui le traverse lui prête un caractère qui peint bien la situation du monarque irrité : c'est le farouche Ivan dans son vrai jour, se cramponnant au trône sourdement miné. Nous regrettons que ce morceau ait fait place à une phrase dont la véhémence met peut-être l'artiste en possession de tous ses moyens vocaux, mais qui ne rachète pas la valeur réelle de celui qu'on a cru devoir supprimer.

Passons au deuxième acte.

A vrai dire ce n'est qu'un tableau, auquel on a donné les proportions d'un acte parce qu'on n'a pas eu sous la main un matériel de scène suffisamment machiné.

Nous voyons des décors vermoulus, huileux, mal brossés et d'un anachronisme choquant; une des salles du vieux Kremlin, un jour de réception, à laquelle on substitue de grands panneaux d'un vert glauque dans le goût de nos décorations modernes, un boyau où les personnages se coudoient, s'entrecroisent sans raison d'être, simulant fort mal l'attitude que leur impose l'action de la pièce. Qu'il y a loin de cette mesquinerie décorative aux jolies *maquettes* fournies par M. Michelon (1), que l'on eût pu reproduire sans trop d'efforts avec un millier de francs. Vraiment, nous le demandons aux hommes de goût, l'art décoratif devrait-il être traité de la sorte? M. Halanzier, un expert celui-là, va nous répondre : « Nous savons que le public, tout entier à l'action scénique, n'accorda longtemps qu'une attention relative aux décors de théâtre. Pour lui, c'était le cadre du tableau. C'est ainsi que les Ciceri, les Féuchère, les Philastre, les Thierry, les Desplechin, pour ne citer que quelques noms, ont produit des chefs-d'œuvre dont la valeur, appréciée seulement d'un petit nombre de connaisseurs, n'a pas donné à leurs auteurs le renom, disons le mot, la gloire qui leur était due si légitimement.

(1) On peut voir, dans le *Marseille-Illustré*, de fort jolis dessins sortis du crayon de cet artiste, tels que : *le quatrième acte de l'Africaine* ; *Villefranche* ; *les Martigues* ; *l'aqueduc de Roquefavour*, etc. On admirait naguère, dans le magasin-musée de Collé et Vérane, à Marseille, deux spécimens de décors de salon d'un assez bon style. Les nouvelles peintures du café de la *Rotonde* sont également de ce peintre estimé.

« Nous sommes plus équitables aujourd'hui ; tout en faisant la part du poète ou du musicien, on fait aussi celle de l'artiste qui, s'inspirant de l'œuvre d'un autre, lui apporte une force nouvelle par l'effet d'une collaboration réelle, quoique modeste et désintéressée (1). »

Oui, le public des théâtres est plus équitable aujourd'hui qu'il ne l'était autrefois; mais lorsqu'il est l'objet d'une mystification, n'aurait-il pas quelque raison, dans une juste mesure, d'en témoigner du mécontentement? Après tout :

C'est un droit qu'à la porte on achète en entrant.

Croit-on que si l'on se fût pénétré des traditions de M. Halanzier, l'opéra d'*Ivan* s'en serait plus mal trouvé? Pourquoi n'a-t-on pas fait pour nos deux compatriotes ce que l'on n'a pas refusé au *Pétrarque* de Duprat? A qui incombe cette étrange économie et ce manque de vérité histo-

---

(1) Eloge de Cambon, chevalier de la Légion d'honneur, mort à Paris en octobre 1875, après avoir collaboré à plus de quatre-vingts ouvrages pour le Théâtre National de l'Opéra.

rique? Mieux valait laisser dans l'ombre cet ouvrage que de le défigurer d'une façon si singulière. Heureusement que le public a su faire justice de ces pauvretés artistiques.

Cela dit, continuons.

On se souvient d'avoir vu la nièce du Tsar au milieu des seigneurs conviés par le boyard d'Esthonie. A ce moment, Ivan s'éprend de Dosia, qu'il choisit plus tard pour son épouse et qu'il couronne lui-même au retour du sacre. De son côté, Olga captive le cœur de Fédorof. C'est l'entrevue secrète de ces deux derniers que nous ménage cet acte. Dans une mélodie russe, d'une suavité pénétrante, plutôt soupirée que chantée, la jeune fille laisse parler son cœur :

> Je voudrais fuir sa vue,
> Mais, hélas ! c'est en vain :
> Une force inconnue
> Le ramène soudain.
> L'oiseau chanteur exprime
> Sa joie et ses amours,
> Mais le cœur, comme un crime,
> Doit les cacher toujours.

> . . . .
> Je désire qu'il vienne...
> Quand il est là pourtant,
> Je tremble qu'il n'apprenne
> Mon bonheur... mon tourment...
> Sa voix pleine de charmes
> A d'amères douceurs...
> Bien souvent, sans alarmes,
> Je sens couler mes pleurs...

Dosia paraît dans la galerie. En voyant Olga, elle s'éloigne. Fédorof survient. Ecoutons-le :

> . . . .
> Vous m'aimez ! ô suprême bien !
> Quelle aurore nouvelle
> Brille à mes yeux charmés !
> Oh ! que la vie est belle !
> Vous m'aimez ! vous m'aimez !

Pour cette scène, M. Brion Dorgeval, en coloriste consommé, a détaché de sa palette les couleurs les plus vives; comme Florian, il sait varier ses teintes; les notes finales de cette romance plongent dans une douce extase; ce *vous m'aimez! vous m'aimez!* est mélodiquement gracieux, malgré le reproche qu'on a fait au compositeur, de prodiguer les répétitions et de donner plus d'essor à la science qu'à l'inspiration. Le grand air de Dosia est la page dramatique du tableau qu'enveloppe un trio orchestré de main d'ouvrier et qui termine cet acte peu étoffé, mais riche d'harmonie.

Sans nous faire sortir du Kremlin, le troisième acte (1) nous conduit dans la salle du trône. Nous assistons à une fête solennelle ; Ivan vient d'être couronné par le métropolite ; un cortége somptueux le précède ; les grands dignitaires de la cour, les ambassadeurs des puissances européennes et asiatiques l'entourent ; le monarque s'avance, sous un dais de velours enrichi d'aigles impériales, conduit par le clergé grec, les popes et la noblesse de toutes les contrées de l'empire russe.

Pendant le défilé, la grosse cloche de Moscou

---

(1) C'est un changement à vue qu'il faudrait ici, les deuxième et troisième actes n'en formant qu'un, d'après la partition qui ne contient réellement que quatre actes et six tableaux.

lance par intervalle ses notes graves (1); le canon gronde en signe d'allégresse et mêle sa voix à une marche pompeusement orchestrée,

(1) Moscou, la cité sainte, *nœud brillant de l'Europe et de l'Asie*, pour nous servir de l'expression de M. de Ségur, est remarquable par la bizarrerie de ses monuments religieux et la variété de ses cloches. Voici quelques détails assez curieux sur la grosse cloche de Moscou, appelée *Tzar Kolokof*, ou la reine des cloches, que nous empruntons au *Magasin Pittoresque*, année 1835 : « La cloche actuelle a 20 pieds de haut sur 18 de diamètre, son battant pèse 3900 livres. Elle est formée en partie d'une ancienne cloche, le *Bolshoï* (la grosse), qui était suspendue dans le beffroi de Saint-Ivan, en compagnie de 32 autres plus petites; lors de l'invasion française, en 1812, le beffroi fut presque détruit et les cloches abîmées. En 1817, la cour d'Alexandre se trouvant à Moscou, le prince ordonna d'ajouter du nouveau métal aux 115 mille livres qui formaient le *Bolshoï* et d'en fondre une nouvelle ; le coulage eut lieu le 7 mars, en présence de l'archevêque qui lui donna sa bénédiction et de presque tous les habitants de la ville.

« Le 23 février 1819, *la cloche nouvelle* fut conduite en grande pompe de la fonderie à la cathédrale ; le peuple se disputa l'honneur de la traîner ; arrivée à destination, toute la multitude se jeta sur M. Bogdanof, directeur des travaux, baisant ses joues, ses mains, ses genoux, déchirant ses habits et se les partageant en témoignage de reconnaissance.

« La cloche est couverte de figures en relief représentant

qui n'a d'égales, peut-être, que celles *du Prophète* et de *la Juive* (1). Ce cortége, tout ruisselant d'or et de soie, est imposant et semble, pour ainsi dire, avoir donné naissance au qua-

Jésus-Christ, la Sainte Vierge, Jean-Baptiste, et plus bas, l'empereur Alexandre, sa femme, la princesse douairière, les grands-ducs Constantin, Nicolas et Michel. Depuis cette dernière érection, la grosse cloche a subi de nouvelles transformations ; elle a même été refondue. Elle repose actuellement sur un magnifique piedestal placé sur la grande place du Kremlin, non loin de la base du clocher d'Ivan-Velikoï » (Voir l'année 1859 du *Magasin Pittoresque* déjà cité).

(1) M. Brion Dorgeval s'honore d'avoir été l'élève estimé d'Halévy, notre Meyerbeer français ; avec un maître si éminent, il ne pouvait que réussir et il nous le prouve surabondamment dans sa partition d'*Ivan* où il s'affirme comme un compositeur de mérite. La formation du nom de l'illustre auteur de *la Juive*, de *Charles VI*, de *la Reine de Chypre*, des *Mousquetaires de la Reine*, de *l'Éclair*, etc., est assez curieuse pour qu'elle mérite d'être expliquée : « Il y avait en France, pendant la Révolution, un si grand nombre de Lévy, qu'il était impossible de s'y reconnaître sur le registre de l'état civil. La Convention prescrivit à tous ces homonymes un nom ou un surnom qui les distinguerait plus aisément. Or, le père du compositeur s'appelait Henry Aron Lévy ; il signait de ses initiales H. A. Lévy et supprima simplement les deux points pour devenir *Halévy*. » (Th. LORMOND).

trième acte du *Dimitri* de M. Joncières, écrit plusieurs années après *Ivan IV* et joué récemment au Théâtre Lyrique. La description que fait de cette pièce M. Paul de Saint-Victor, étant identique à celle du couronnement d'Ivan IV, dont Dimitri fut le successeur, on nous permettra de la citer « Rien d'éclatant et d'étrange comme cette évocation des pompes et des costumes de la vieille Russie moscovite. C'est de la barbarie sur fond d'or. Cela tient à la fois de la Chine et du Bas-Empire. Imaginez les personnages d'une mosaïque bysantine mêlés à des mandarins de potiche. Les boyards font une fière et sauvage figure avec leurs caftans soutachés d'or, leurs robes lamées d'argent, leurs houppelandes ramagées de fleurs chimériques. Les pages, portant une calotte d'or plaquée sur leurs longs cheveux, rappellent les anges auréolés des iconostases. Les femmes vêtues de longues dalmatiques, ceintes de grands diadèmes constellés, ressemblent à des reines qui seraient aussi des prêtresses. »

Empressons-nous de dire que si la direction de la salle Beauvau n'a pas apporté dans les décors toute l'exactitude historique, exigée en pareil cas, nous devons, pour être juste, la féliciter d'avoir observé la fidélité des costumes et des accessoires.

Aux accords de la *Marche des Tsars* (1), les jeunes filles nobles prennent place à la table du souverain qui, suivant l'usage, doit faire parmi elles choix de la Tsarine.

Un cliquetis d'armes, imité par l'orchestre, sert de prélude à la *Tcherrkess,* ballet militaire assez original, qui aurait gagné toutefois à être mieux réglé. Il contient des longueurs qui le rendent obscur en certains endroits ; tout cela peut se modifier et nous ne doutons pas que le compositeur ne le fasse avec le même empressement qu'il a mis à le faire pour les autres actes où des coupures indispensables ont donné à l'action du drame plus de clarté et de netteté.

Après les danses, sur un signe d'Ivan, un dignitaire s'approche, portant la couronne impé-

---

(1) Brillamment exécutée les 11 et 25 août 1876, par la *Société de Concerts,* au *quinconce des Allées.*

riale. Le monarque debout, une main sur le diadème :

> Devant Dieu qui m'entend, devant Dieu qui m'inspire,
> En face de vous tous, seigneurs de mon empire,
> L'épouse de mon choix, je la prends parmi nous...

Puis, se tournant vers Dosia qui est demeurée pensive et comme étrangère à cette scène, il l'invite à ceindre le bandeau royal et la conduit ensuite vers le trône. La jeune femme, surprise, émue, ne se croit pas digne de tant d'honneur; mais Ivan exige, elle obéit. « Moi, se dit-elle, son épouse? malheureuse! qu'ai-je fait? »

> . . . .
> J'ai trahi tous les miens!... O forfait inouï!
> Et voilà donc le prix de mon crime exécrable!
> Une couronne!... ô misérable!...

Pendant ce monologue, débité presque à voix basse, le Tsar vante les grâces et la beauté de la Tsarine :

> Sous le manteau d'hermine,
> Le diadème en vos cheveux,
> Que vous êtes belle !

Le nœud de l'intrigue se forme au même instant ; Adalkief présente à son maître un écrit, où il est dit que Fédorof est le chef d'un complot ourdi contre la vie de l'autocrate. Ivan, au comble de l'exaspération, répond à son ministre :

> Tiens, lis, et tu verras encore cette fois,
> Toi qui, par tes conseils, endormais ma vengeance,
> Si la pitié, si la clémence,
> Doivent jamais guider les rois !
> Ah ! le pardon pour eux (1) est impossible,
> Ivan méritera le surnom de *Terrible !!*

Fédorof, Olga, les conjurés, sont bien en situation. Prêtons l'oreille à ces derniers :

> De ta gloire et de ta puissance
> Tyran, hâte-toi de jouir :
> L'heure sainte de la vengeance
> Pour nous va bientôt retentir.

Rien de plus magistral que cette page où tout se condense avec un savoir solide et soutenu.

(1) **Les Porte-Glaives.**

Disons-le hardiment, Meyerbeer n'aurait pas dédaigné de signer certains passages d'*Ivan IV*. D'un bond, M. Brion-Dorgeval s'est placé au premier rang de nos compositeurs modernes. Si, dans sa partition on ne rencontre pas l'entrain mélodique des opéras italiens, il s'attache du moins à unir la simplicité au sentiment, la grâce à la noblesse, en évitant toujours de courir dans les sentiers battus.

Le chant d'Ivan où se glissent l'amour et l'ironie, la fureur et la haine, sur un rhythme tour-à-tour tendre et plaintif, est remarquable, et la scène de la trahison un morceau doré par la flamme du génie. Ajoutez à cet ensemble une orchestration soignée qui tient un peu du faire de Wagner, sans en avoir les défauts (1), et

---

(1) Richard Wagner a du talent, et nous nous garderons de le contester, mais il n'est pas l'expression du génie allemand.

« Ce qui caractérise l'art allemand, c'est la profondeur, c'est le sentiment intime, c'est l'âme enfin : or, Wagner *ne possède rien de tout cela*. Si les Français n'embrassent pas toujours le génie allemand dans toute sa plénitude, ils le

exempte de fugues dont ne s'affranchissent pas toujours les débutants.

« Veut-on savoir, dit un ancien auteur chinois, si un royaume est bien gouverné, si les mœurs de ceux qui l'habitent sont bonnes ou mauvaises, qu'on examine sa musique. » Sans attribuer à cet art toute cette puissance, il est certain qu'étant l'expression la plus intime des sentiments, il porte en lui comme un reflet des mœurs et de la civilisation des pays où il se produit. La musique ne ment pas, on peut se fier à elle.

reconnaissent et l'apprécient quand il s'offre à eux dans sa noblesse et sa dignité. Aussi, ils comprennent et respectent, dans la sphère de leur aptitude, nos grands poètes, nos grands penseurs et nos grands artistes ; ils vénèrent et admirent Schiller, Goëthe, Hégel, Kant, Mozart, Beethoven, Weber, etc.; et c'est précisément cette vénération qu'ils ont pour eux qui les autorise à ne pas sympathiser avec Wagner. » (Le *Vaterland*, journal cité par Oscar Comettant dans son volume : *Musique et Musiciens*).

C'est frappant de vérité. Qu'on se remémore un peu l'éclatant échec du *Tannhauser*, donné au Grand Opéra de Paris en 1853. Que de bruit, que de réclames, que d'argent dépensé pour une œuvre savante, mais dépourvue d'inspiration !

« Oui, la musique peint le caractère et les mœurs des peuples, parce qu'elle révèle nos sentiments les plus intimes sans dissimulation aucune, avec cette vérité saisissante et sympathique que le cœur sait seul exprimer par les divins accents de la musique (1). »

Michel Glinka, fondateur de l'Opéra national russe, comprenait tout cela, et ses compositions, quoique peu nombreuses, en font foi. Glinka a trouvé son émule, saluons-le, c'est M. Brion Dorgeval !

Nous touchons à la note lugubre de l'œuvre, ou si l'on préfère, au ton mineur dans toute l'acception du mot. Nous sommes au quatrième acte. C'est plus particulièrement dans celui-ci que l'auteur d'*Ivan IV* se révèle dans l'éclat de son talent ; cependant, pour ne point nous départir de notre impartialité, nous devons dire avec un chroniqueur sérieux et partant bon juge (2), « qu'une préoccupation tendue de donner

---

(1) Oscar Comettant.
(2) J. Desaix.

à chaque phrase sa signification, et d'arriver à l'effet aussi bien par la beauté du récit chanté que par l'éloquence de l'orchestration, répand une couleur monochrome sur l'ensemble des morceaux qui s'y trouvent renfermés. »

Après nous avoir fait saluer le printemps au commencement du drame, le poète nous ramène de nouveau en Esthonie, dans une épaisse forêt, au milieu des frimas, à la chute du jour :

> Le soir est veuf d'étoiles ;
> Et la brume aux longs voiles
> Promène ses pâleurs. (1)

Çà et là, les ruines d'un vieux monastère ; des bûcherons lient des fagots.

Nous devons tout d'abord signaler le trio : *La nuit s'avance, il faut partir,* etc., dont la forme syllabique pétille de mélodie. Catherine, Daniel et Mikaël s'éloignent ; Fédorof précède de quelques pas Ketler. Il songe à Olga, à sa

---

(1) *Après la Journée,* par Hipp. Matebon, ouvrage récemment couronné par l'Académie Française.

patrie..., et regrette de s'être mollement endormi dans le repos. Sans faire tache au tableau, sa romance *A ton azur sombre et pâle,* où le cri de l'espérance se mêle aux tendres soupirs du cœur, nous paraît manquer d'haleine mélodique; l'inspiration languit, on la dirait en quelque sorte à l'état crépusculaire; fût-elle venue à terme, nous eussions pu trouver quelques rayons; par contre, l'accompagnement est délicatement modulé.

Voici le Grand-Maître des Porte-Glaives : « Si la noblesse, dit-il à Fédorof,

> Secouant sa lâche faiblesse,
> Suit comme vous un noble élan,
> Plus de honte pour nous, c'en est fait du tyran !
> Lors du sacre, durant ces odieuses fêtes,
> Avez-vous vu nos amis ?
> . . . .
> Le moment est venu d'arracher le pays
> Au joug de la tyrannie.
> Que fait Ivan ?

FÉDOROF

> Il va promener sa furie
> Dans le Kazan révolté.

KETLER

Ainsi donc toute liberté
Nous est laissée enfin pour sauver la patrie
Et l'affranchir d'un maître détesté !

Citons le duo :

FÉDOROF (*à part*)

O toi ! dont le divin sourire
Brille et rayonne dans mon cœur !
Toi que mon âme doit proscrire
Au cri sévère de l'honneur !
Olga, le devoir nous sépare ;
Plains-moi, mais ne me maudis pas.
Dans la lutte qui se prépare,
Puissé-je trouver le trépas !

KETLER

O victoire, viens-nous sourire !
Exalte, électrise mon cœur !
Que toute mon âme s'inspire
Des devoirs sacrés de l'honneur !
Dans la lutte qui se prépare,
O mon pays ! arme mon bras,

> Et contre un oppresseur barbare
> Conduis mes valeureux soldats !

Que ces strophes sont belles ! « Le poète a donné au compositeur les éléments d'un champ fertile et bien cultivé (1). » Nous défions les Scribe, les Bis, les Vaez, les Jouy, les Royer, les Barbier, et surtout Mermet, d'en fournir de pareilles, quant à la forme, à nos scènes lyriques. Si nous ajoutons à ces beaux vers une musique inspirée et toujours savante qui les fait doublement aimer, nous aurons le *nec plus ultra* du genre.

Les conjurés, appelés à une mort héroïque dans l'acte final, arrivent successivement au rendez-vous donné au pied des débris du cloître. Une fugue magnifiquement exposée, la seule qui existe dans tout l'ouvrage, est suivie d'un chœur supérieurement écrit.

Peu après, les chevaliers tirent leurs glaives qu'ils abaissent sur le sol et fléchissent le genou. C'est la prière au Dieu des armées !

(1) J. Desaix.

> Sur ce glaive consacré
> Par la pieuse main du prêtre,
> Nous avons promis, nous avons juré
> De servir notre divin Maître !
> Mais Dieu terrible ! Dieu puissant !
> Toi, notre espoir, vois nos alarmes!
> Fais que ton sceptre éblouissant
> Conduise et protége nos armes ! (1)

La musique religieuse est aussi familière à M. Brion Dorgeval que la musique dramatique qui vit d'éléments graves et légers, tendres et bouffons; la musique sacrée, au contraire, ne relève que de ce qui tient à l'âme; elle se détache de tout ce qui est terrestre et s'élève sous la voûte éthérée comme la fumée de l'encens qui monte vers les cieux; l'onction, la douceur et le calme lui sont particulièrement propres. A-t-on jamais rencontré cela au théâtre? Sauf de bien

---

(1) A la fin de cette première strophe, le ciel s'illumine graduellement par l'effet d'une aurore boréale; mais nous ne l'avons jamais vue, parce que, comme le singe de la fable, le machiniste « n'avait oublié qu'un point : c'était d'éclairer sa lanterne. »

rares exceptions, nous croyons que l'idéal du chant sacré n'a pas encore atteint, *sur les planches,* les dernières limites de la perfection, tout en nous inclinant devant le talent qui distingue les maîtres qui nous ont donné : la *Prière de Moïse,* page sublime s'il en fut ; la *Prière de la Muette de Portici,* d'une simplicité touchante ; le *Sacre du Prophète,* plein de majesté ; la *Bénédiction des poignards des Huguenots,* fanatique et passionnée ; le *Miserere du Trouvère,* empreint d'un beau sentiment dramatique ; enfin, le *De profundis de Pétrarque,* dont la bonne facture a mis le sceau à la réputation de son auteur.

Nous ne pensons pas qu'on nous taxe de témérité si nous comprenons M. Brion Dorgeval dans cette pléïade de musiciens la plupart devenus célèbres. Est-ce à dire que ce compositeur ait atteint l'extrême limite du style dans l'art du chant chrétien ? Assurément non ; mais il est dans une excellente voie, son hymne enthousiaste des chevaliers Porte-Glaives nous en fournit une preuve.

Son orchestration, sobre de sonorités, met en relief toutes les voix ; le thème principal semble procéder de Mozart et de Hændel, que M. Brion Dorgeval paraît s'être appliqué à imiter ; car imiter, a dit Saint-Marc Girardin, « c'est se pénétrer d'une image du beau et tâcher de la reproduire ; c'est concevoir le beau afin de l'enfanter... L'imitation est, selon le génie et le talent de l'imitateur, la chose la plus libre et la plus hardie, ou la chose la plus servile et la plus aveugle. L'imitation est une faiblesse quand ce sont des esprits médiocres qui imitent. Les esprits médiocres ne savent pas imiter, ils ne savent que copier... Il y a même, parmi les esprits médiocres, des esprits téméraires qui se précipitent dans l'imitation avec une sorte d'aveuglement, qui renoncent volontairement à l'originalité qu'ils tiennent de leur temps et de leur pays pour se faire anciens ou étrangers... »

Le cas n'est pas applicable à M. Brion Dorgeval. Dans son *Ivan* il est lui-même, toujours original, nullement plagiaire. La scène de la conjuration, écrite avec une plume doublée de foi et de génie, contient des accents dignes de retentir sous les arceaux d'une basilique. Quoi de plus solennel que la strophe de Ketler : *Quelle lumineuse clarté!* qui se déploie en majestueuses périodes au milieu d'un luxe de voix et d'instruments, et amène la reprise du chœur par un *crescendo* qui déchaîne toutes les forces de l'orchestre ?

La prière achevée, Fédorof se sépare des conjurés; ceux-ci se groupent autour de Jean Reynold, qui entraîne Olga travestie en pâtre russe et conduite par Adalkief, ministre du Tsar. Affolée de crainte, la jeune fille explique sa présence parmi les chevaliers qui la prennent pour un traître et tirent leurs poignards. « Je ne suis pas coupable, leur dit-elle; oh! ne me tuez pas! » En se débattant entre les mains des Porte-Glaives, sa chevelure se dénoue. Pendant ce temps, Fédorof rejoint ses frères d'armes; il reconnaît son amante :

> ... N'approchez pas ! malheur au téméraire,
> Malheur à qui menace une tête si chère !
> . . . .

> Sublime enfant ! pour moi vous vous êtes perdue!
> Mon amour est fatal... il tue !

Olga, voulant sauver la vie du boyard, le presse de fuir la Moskovie et le supplie de l'oublier. Kètler, qui assiste à cette entrevue, veut pénétrer ce mystère et accuse Fédorof d'être l'espion d'Ivan.

Ici quelques phrases musicales demanderaient plus de développement et peut-être aussi moins de recherches dans les récits dont le débit donne parfois de la lourdeur à l'action scénique.

Ivan découvre le complot; sa vengeance n'a plus de bornes; il lève le poignard sur la princesse, mais il hésite... « Je me vengerai, s'écrie-t-il, en s'adressant à Fédorof, j'en fais le serment. »

> Broyé par la torture,
> Ton corps, vile pâture,
> Privé de sépulture,
> Sera livré, sanglant,
> Au gibet infamant !
> Et les oiseaux de proie,
> Avec des cris de joie,

S'arracheront dans l'air
Les lambeaux de ta chair !

Ce dernier ensemble, et ils sont nombreux dans cet acte, est vigoureusement charpenté. Un bel accompagnement, sillonné par les cris stridents des oiseaux de proie, lui sert de cadre. C'est un nouveau coup de maître à porter à l'avoir déjà si riche du jeune compositeur.

Pour trait final, les conjurés, se tenant embrassés, reprennent leur prière à voix tonnante, pendant qu'Ivan-le-Terrible recule devant eux.

Voici le cinquième et dernier acte. Pénétrons dans l'oratoire du tyran. Deux scènes constituent le tableau qui précède le dénouement de ce grand ouvrage. Cédons la plume au poète :

SCÈNE Ire

IVAN *(seul, agenouillé)*

Toi qui tiens dans tes mains les peuples et les rois !
Jusqu'à tes pieds, Seigneur, laisse arriver ma voix !
. . . .

(Se levant)

Ce comte si hautain, ce Grand-Maître orgueilleux
Osaient me disputer une terre conquise :
Leur mort va me venger de leur folle entreprise.
Mais avant d'expirer, ils verront sous leurs yeux,
      Leurs compagnons et leurs complices,
Sous la main des bourreaux périr dans les supplices.
      Toujours du sang ! toujours punir !
Dans un cloître j'aurais voulu m'ensevelir
      Pour échapper au remords solitaire ;
Mais un ange du ciel est descendu sur terre :
      Il faut vivre, aimer et jouir !!

      Ravissement suprême !
      Dans mon cœur comprimé
      Palpitent les mots : j'aime !
      J'aime ! je suis aimé !
      Dosia, je t'adore !
      Ton amant couronné,
      Plein d'un feu qui dévore,
      A toi s'est tout donné !
      Le poids de la couronne
      Est moins lourd, je le sens,
      Quand le cœur s'abandonne
      A l'ivresse des sens !

SCÈNE II

IVAN, OLGA

OLGA

Avant de prononcer le serment solennel
Qui doit me retrancher d'un monde misérable,
Je viens vous implorer : clémence, au nom du ciel !
Pitié pour lui, seigneur, lui qui n'est pas coupable !

IVAN

Pas coupable !

OLGA

Hélas ! égaré
Par un amour sacré...

IVAN *(se méprenant)*

Un amour ! oses-tu !...

OLGA *(avec noblesse)*

L'amour de la patrie !

IVAN *(avec violence)*

Pour nous, il n'en est qu'une et c'est la Moskovie.

OLGA

Grâce ! pour lui l'exil, mais laissez-lui la vie,
Que Dieu seul doit reprendre et que Dieu lui donna.

IVAN

Non, il mourra comme un traître, un infâme !

OLGA

Ah ! songez à votre âme :
Dieu pardonne à qui pardonna.

IVAN

Par le sang ma vue est troublée ;
La rage bouillonne en mon cœur :
Sors ! ou tu vas être immolée,
Comme mon fils, à ma fureur !

OLGA

Grâce ! grâce !

IVAN

L'enfer m'assiége !

OLGA

Au nom de celle, hélas ! qui parmi les élus,
Dans le ciel vous protége,
Pitié !...

IVAN

Je ne vois plus...
Le sang m'étouffe... et ma main sacrilége... (1)

(Olga pousse un cri d'angoisse suprême et s'évanouit. Ivan jette son poignard avec horreur).

Le musicien a su colorer, avec le savoir que nous lui connaissons, le faux repentir d'Ivan, aussi bien que le langage élevé de la sympathique princesse. Ce n'est pas une toile de cabinet aux couleurs chatoyantes et mignardes que M. Brion Dorgeval nous offre, mais un décor abrupte et

(1) Ces deux scènes ne figurent pas dans la partition imprimée.

énergiquement brossé nous dévoilant un coin sauvage de la Moskovie, au seizième siècle. Cette comparaison picturale était nécessaire pour mieux faire ressortir le côté musical de toute cette scène, et on ne nous en voudra pas, croyons-nous, de l'avoir choisie.

La toile tombe et se relève aussitôt sur le préau d'une forteresse en Esthonie. Des hommes armés, suivis d'une confrérie de moines, entourent les Porte-Glaives au milieu desquels on distingue Ketler et Fédorof. Adalkief, ministre d'Ivan, lit l'arrêt de mort ; les chevaliers, avec un stoïcisme digne des temps antiques, demeurent fermes et résolus en présence de l'inique sentence. Ketler, qu'un saint enthousiasme anime, laisse déborder son âme dans les stances suivantes dont la beauté poétique n'est égalée que par la richesse du rhythme et l'éclat de l'accompagnement :

> En ce moment terrible et solennel
> Où Dieu près de lui nous rappelle,
> Martyrs, ne songez plus qu'au ciel
> Qui s'ouvre à votre âme immortelle.

La mort fut notre but constant :
Elle est là, chantons des louanges !
Ecoutez les harpes des anges ;
Dieu vous bénit, Dieu vous entend...

Par ce trépas, qui ne termine rien,
Naîtra la glorieuse vie ;
Il est, pour l'exilé chrétien,
Au-delà du cercueil, l'éternelle patrie !

Halévy, qui fut le maître de M. Brion Dorgeval, ainsi qu'on l'a vu plus haut, en lisant ces stances, la romance et le *lamento* de Dosia : « Mon Dieu, sur tes autels j'ai meurtri mon visage, etc., » où l'on ne sait ce qu'il faut le plus admirer du savoir ou de l'inspiration, s'écriait : « Courage ! mon ami, vous êtes dans la voie du beau (1). » Citer ces paroles, c'est

---

(1) Elève de Chérubini pour la haute composition, après avoir été celui de Lambert pour le piano et de Berton pour l'harmonie, Halévy obtint, en 1819, le premier prix au concours de l'Institut. Professeur au Conservatoire, il s'y distingua par son enseignement solide et sûr, dans les classes de solfége, d'harmonie et de haute composition. Un grand opéra et un opéra comique : *la Juive* et *l'Eclair* lui ouvrirent les portes de

faire juger l'élève; pourrions-nous mieux dire après un tel suffrage?

Les Porte-Glaives, bénis une dernière fois par Gothard-Ketler, leur Grand-Maître, marchent au supplice, conduits par les Strélitz formant la haie. Arrive Dosia que le remords torture. Elle veut revoir Fédorof.

> Mon regard égaré voit partout son image,
> Et sa voix que j'entends me glace de terreur !
> . . . .
> Pitié ! Seigneur, apaise ta colère :
> Avec la mort donne-moi le pardon !

Tout-à-coup les torches brillent, un chant funèbre frappe son oreille : *Beati quorum remissæ sunt iniquitates, et quorum tecta sunt peccata* (1).

---

l'Institut. — Comme écrivain, il fut aussi membre de l'Académie des Beaux-Arts. On compte parmi ses disciples des maîtres tels que : Gounod, Bazin, Massé, etc.

(1) « Heureux ceux dont les iniquités sont effacées et dont les péchés sont pardonnés.

... Que vais-je apprendre, hélas! en cette affreuse nuit?
Ah! le gibet!... C'est Dieu qui me poursuit!

Les voix se rapprochent... un message d'Ivan suspend l'œuvre des bourreaux; Adalkief conduit Fédorof vers Dosia; la Tsarine lui avoue sa folle jalousie et lui assure qu'Olga, sa bien-aimée, l'appelle et l'attend. Néanmoins, le boyard résiste aux supplications de Dosia; ses aveux ne touchent point son cœur ulcéré : le monde, dit-il, n'est plus rien pour moi...

Ah! laissez-moi goûter les tranquilles délices
De la paix des tombeaux!

Ketler s'approche de Fédorof en lui montrant les gibets :

Tsar! savoure à loisir ton affreuse vengeance!...
Adieu! pieux guerriers, morts pour l'indépendance!
Adieu, frères, martyrs d'exécrables fureurs!
Du pied de vos gibets surgiront des vengeurs!

. . . .

Mon âme délivrée
De son lien mortel,
Bientôt transfigurée,
Volera vers le ciel!

(On entend la prière des Porte-Glaives).

Amis, j'entends votre voix qui supplie !..
O séjour radieux, ineffable clarté !
C'est dans le ciel qu'est la patrie,
La patrie et la liberté !

Puis, les conjurés sont livrés aux soldats. Dosia se jette dans les bras de Fédorof. Ketler termine par ces mots :

O mon Dieu ! rouvre-nous tes bras !
Le repos après la tempête.

Olga s'ensevelit dans un cloître pour oublier son amour brisé.

M. Brion Dorgeval sachant, comme Rameau, que *la partie vocale est la base première d'une bonne partition d'opéra,* se distingue doublement ici par une heureuse entente des voix, bien qu'il ne nous ait pas donné tout ce que son talent semblait promettre. Il y a dans ces pages finales de fort belles choses : du souffle et des idées, mais on y trouve aussi des phrases inachevées, des airs heurtés qu'on pourrait comparer à un morceau de sculpture traité avec art, mais non encore pourvu de son piédestal. Parfois le jeune maître étend trop ses couleurs et la mélodie échappe ainsi par moments à l'oreille de l'auditeur; mais ce sont là des ombres. Quelle est l'œuvre, fût-elle signée d'un grand nom, qui n'en a pas?

Et maintenant que nous avons essayé de familiariser le lecteur avec le libretto, qui n'a de rival, à notre avis, que le remarquable poème de *Charles VI* de Germain et Casimir Delavigne, et la partition où chaque page porte les traces d'un excellent musicien, nous dirons un mot de l'interprétation et de l'accueil fait à l'œuvre de nos deux compatriotes.

Mme Levielli-Coulon a rendu, avec cette chaleur dramatique qui la caractérise, le rôle difficile de Dosia. Nous devons toutefois constater que le timbre de *chanteuse légère* a trahi par moment son organe, dont la puissance n'a pas toujours eu l'ampleur de la *forte chanteuse*.

Sous les traits gracieux de la princesse Olga,

Mlle Redouté a su se faire applaudir, notamment au deuxième acte.

M. Dumestre, baryton, a été complet dans *Ivan*. Comédien et chanteur irréprochable, il donne du coloris à son rôle : il est à la fois passionné, astucieux, grand et noble. Sa voix est toujours large et belle, souple et bien posée ; c'est, pour tout dire, un artiste d'une grande valeur.

Le rôle de Fédorof, si remarquablement écrit, pouvait se passer des notes suraiguës lancées par M. Delabranche, et qui ne sont nullement indiquées dans la partition. Si ce ténor s'en fût mieux pénétré, nous eussions pu mentionner tel passage où sa voix est parfois agréable et juste, mais il ne nous en a fourni l'occasion que trop rarement.

M. Brion Dorgeval a rencontré dans M. Bérardi le Gothard Ketler de ses rêves. Après avoir brillé dans le *Moïse* de Rossini, cet artiste s'est surpassé dans les magnifiques scènes des quatrième et cinquième actes d'*Ivan* : « D'un beau métal, d'une justesse irréprochable, d'une grande flexibilité, cette voix ne laisse rien à désirer ;

M. Bérardi phrase avec beaucoup de goût et dit le récitatif avec ampleur (1). »

MM. Cabannes, Genin et Ulliel ont été très-corrects ; nous n'oublierons pas Mlle Arquier qui a remplacé de son mieux la toute charmante Mme Dumestre qu'une indisposition a tenue éloignée de la scène pendant quelque temps.

Le corps de ballet et ses premiers sujets ont droit à nos éloges ; louons aussi les chœurs qui n'ont pas été au-dessous de leur tâche.

Nous nous garderons de passer sous silence l'homme de goût et de savoir qui a pris une si large part à l'exécution de l'opéra qui nous occupe. Nous voulons parler de M. Charles Solié (2).

« M. Husson, qui prit le Grand-Théâtre en 1874, s'empressa de se l'attacher, et depuis

---

(1) Oscar Comettant à Marseille — le *Siècle* du 14 février 1876, à l'occasion des représentations de *Moïse* données cette année d'une façon exceptionnelle sur notre première scène.

(2) Nous détachons de ses certificats d'origine, qui sont nombreux, deux pièces qui peignent l'artiste tout entier :

deux ans le nom de M. Solié a été justement associé à celui du directeur pour toutes les reprises importantes, comme récemment pour la création d'*Ivan IV*.

« Son talent de musicien, son mérite de chef d'orchestre, sa vigilance constante, sa fermeté tempérée par l'aménité la plus courtoise, ont conquis à M. Solié les plus vives sympathies, tant dans l'orchestre du Grand-Théâtre que dans le public. Le lecteur a encore le souvenir des

« Berlin, 12 mars 1861.

A M. Solié, chef d'orchestre du Grand-Théâtre de Nantes,

Monsieur,

Je viens d'apprendre quel soin extrême vous avez donné aux études du *Pardon de Ploërmel*, et avec combien d'intelligence et de zèle vous avez dirigé les répétitions de cet ouvrage, qui offre de nombreuses difficultés. Je sais aussi que vous avez été soutenu, dans cette tâche laborieuse, par le talent et la bonne volonté qu'ont déployés les artistes du chant et de l'orchestre, dont les efforts réunis ont produit une excellente exécution au théâtre de Nantes.

C'est à cette excellente exécution qu'est dû le succès que l'ouvrage a eu le bonheur d'obtenir sur votre théâtre.

Veuillez donc agréer l'expression de toute ma reconnaissance,

brillantes ovations qui lui ont été faites dans deux circonstances, à l'audition du *Stabat* de Rossini donnée à son bénéfice (1) et à la soirée

mon cher Monsieur, et veuillez aussi être l'interprète de tous mes remerciements près des artistes du chant et de l'orchestre de votre théâtre.

J'ai l'honneur d'être, Monsieur, votre très-dévoué.

MEYERBEER. »

Paris, 21 mars 1861.

Monsieur,

A mon retour à Paris, j'apprends que mon opéra de *Faust* vient d'être joué à Nantes, avec succès. Je vous en envoie la part de remerciements qui vous revient de droit comme directeur du théâtre et de l'orchestre, et je vous prie de distribuer à mes interprètes les éloges auxquels ils ont droit et dont je regrette de n'avoir pu me faire personnellement l'organe.

Recevez, Monsieur, l'assurance de mes sentiments tout dévoués et reconnaissants.

GOUNOD.

(1) M. Desaix, en rendant compte de cette soirée, s'exprime ainsi : « Le *Pro peccatis* a été scandé avec goût par l'auteur d'*Ivan IV*, dont on a sincèrement fêté le concours. M. Brion Dorgeval n'a pas oublié qu'il était chanteur et il a prêté son talent au musicien qui a si sûrement dirigé l'interprétation de son opéra. » Si M. Brion Dorgeval n'était pas coutumier du

de clôture. Ce sont là des manifestations qui marquent dans la carrière d'un artiste.

« M. Solié est aujourd'hui des nôtres, et M. Campocasso, qui s'y connaît, a eu soin de l'attacher à sa fortune (1). »

Sans la malencontreuse idée de choisir la fin de l'année théâtrale, et surtout la période de la *Semaine Sainte* pour les premières auditions d'*Ivan*, nous aurions pu enregistrer de fort belles soirées à l'actif de cette grande page lyrique ; néanmoins, les quelques représentations auxquelles il nous a été donné d'assister ont été brillantes. Paris s'y trouvait, entouré de tout ce que Marseille compte de gens de lettres, de musiciens et d'artistes.

M. Victorin Joncières, l'auteur du *Dimitri* (2),

---

fait, ce seul trait suffirait pour le juger ! N'a-t-il pas offert à M. Solié les fleurs et les couronnes qui lui avaient été décernées le soir de la *première* de son *Ivan*, d'un commun accord avec le librettiste ?

(1) Th. Lormond. — L'*Album*, n° 62.

(2) Dans son étude sur l'*état actuel de la musique en France*, M. Joncières dit à propos de son *Dimitri* : « ....Le

qui aurait pu se montrer jaloux du succès de l'opéra d'*Ivan*, l'a, au contraire, salué avec sympathie; c'est là une marque de courtoisie et surtout de bonne confraternité tellement rare que nous ne pouvons résister au désir de la signaler. Ecoutons le compositeur qui est aussi bon écrivain :

« Deux opéras ont réussi avec assez d'éclat à Marseille, pour que le bruit en soit parvenu jusqu'à nous; ce sont *Pétrarque* de M. Duprat,

peintre qui s'est trompé peut facilement prendre sa revanche au Salon suivant; le musicien a toutes les peines du monde à trouver une occasion de se relever d'un insuccès quelquefois immérité. Nous en savons quelque chose, nous qui, après la chute du *Dernier jour de Pompeï*, avons attendu sept ans avant de pouvoir faire représenter *Dimitri*. Il a fallu que nous fussions assez heureux pour rencontrer un jeune directeur artiste, hardi, intelligent, qui, confiant dans notre œuvre, lui a ouvert toutes grandes les portes du Théâtre Lyrique, qu'il a réorganisé au milieu de difficultés énormes avec une ardeur du plus favorable augure pour l'avenir. »

Le Théâtre Lyrique, après avoir clôturé par *Dimitri*, son année théâtrale de 1875-76, vient de rouvrir ses portes avec ce même opéra. Nous apprenons que cette œuvre vient d'être payée 12,000 francs à son auteur.

et les *Porte-Glaives* de M. Brion Dorgeval. Ce dernier ouvrage a été choisi à la suite d'un concours, par une Commission nommée par le Conseil municipal qui subventionne le théâtre.

« Il serait à souhaiter que l'exemple des édiles de Marseille fût suivi dans les autres chefs-lieux de département. Cela vaudrait certainement mieux que la suppression des subventions qui entraîne presque partout la suppression de l'opéra et laisse le champ libre aux cafés-concerts, qui jouissent de toutes les immunités, et font aux théâtres, accablés de charges écrasantes, une concurrence impossible à soutenir. »

En terminant notre *Essai critique*, il ne nous reste plus qu'à souhaiter de voir reprendre l'opéra d'*Ivan IV;* la direction actuelle de notre Grand-Théâtre est en bonnes mains, et il en coûtera peu à M. Campocasso de faire cette tentative pour une œuvre qui, assurément, en vaut la peine. *Vouloir c'est pouvoir!*

Parmi les *levers de rideau* qu'on pourrait aussi remettre à l'étude, nous signalerons : le *Moulin de Sans-Souci*, *Wilfride* et *Fatma*, trois opéras-comiques dont Marseille a eu la primeur il y a quelques années et que l'on applaudirait encore volontiers (1).

(1) Le *Moulin de Sans-Souci*, opéra-comique en un acte, paroles de Véron, musique de Brion Dorgeval, — *Wilfride*, opéra-comique en un acte, musique de Ginouvès, paroles de Matabon et J. Gyraud ; ce dernier, sous le pseudonyme de *G. Delongchamps* est l'aimable écrivain qui alimente les chroniques musicales de la *Gazette du Midi*. — *Fatma*, opéra-comique en un acte, paroles de R. de Voisin, musique de A. Flégier.

M. Brion Dorgeval a aussi composé *Une charge de Dragons*, opéra-comique en deux actes, paroles de M. Hipp. Matabon. Puisque le nom de M. Matabon arrive tout naturellement au bout de notre plume, nous nous garderons d'omettre ses *Lunettes de ma grand'mère*, délicieuse idylle enfantine, couronnée aux *Jeux Floraux*, que l'auteur du *Bal d'enfants*, d'Edouard Plouvier, M. Georges Pitter, vient de mettre en musique avec ce goût fin et délicat qu'on lui connaît.

PRINCIPAUX OUVRAGES

DU MÊME AUTEUR

Roquefavour et son Ermitage, 1 brochure in-12 (épuisé).

La Chartreuse de Marseille, 1 volume in-12, orné d'armoiries et d'une photographie (épuisé).

Balthazar de Vias, sa vie et ses œuvres, 1 volume in-12, orné d'un blason.

Jean de Matha, de Provence, 1 vol. in-12.

Notice historique sur l'Estaque (village de la banlieue de Marseille) 1 brochure in-12 (épuisé).

Les nouveaux embellissements de l'église de Ste-Marie-Magdeleine, à Marseille, 1 brochure in-12.

Hippolyte Duprat et Pétrarque, Fatma, le roi René, etc., 1 brochure in-12 (épuisé).

EN PRÉPARATION :

Promenade sur le chemin de fer de Marseille à Aix (ligne de Rognac).

www.ingramcontent.com/pod-product-compliance
Lightning Source LLC
LaVergne TN
LVHW051507090426
835512LV00010B/2393